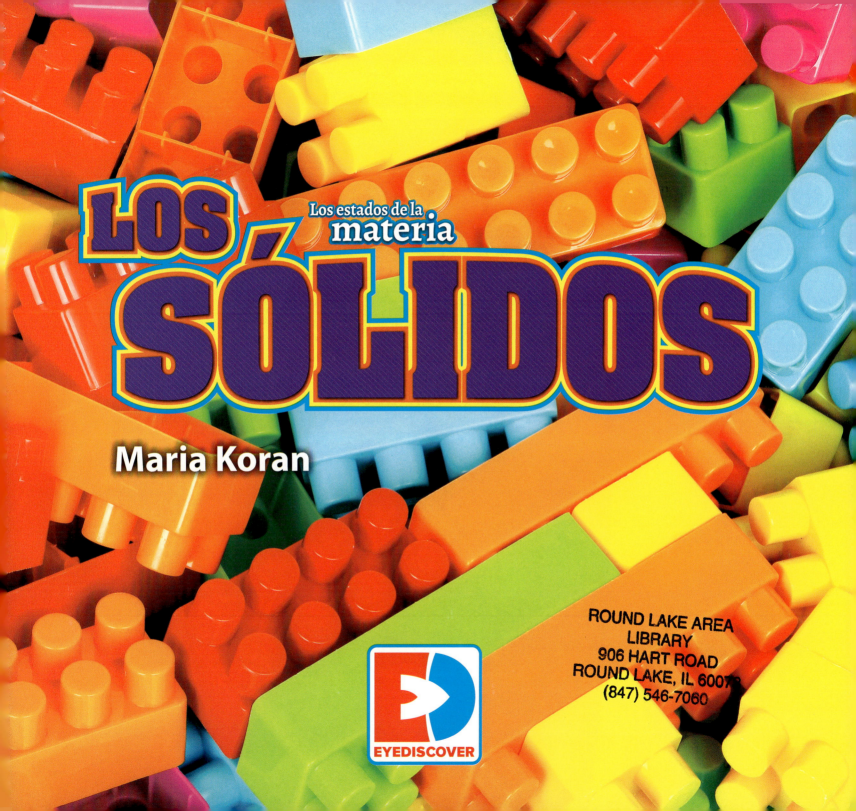

Los estados de la **materia**

LOS SÓLIDOS

Maria Koran

EYEDISCOVER

EYEDISCOVER

Ve a **www.eyediscover.com** e ingresa el código único de este libro.

CÓDIGO DEL LIBRO

AVL63838

EYEDISCOVER te trae libros mejorados por multimedia que apoyan el aprendizaje activo.

Published by AV² by Weigl
350 5th Avenue, 59th Floor   New York, NY   10118
Website: www.eyediscover.com

Library of Congress Control Number: 2018942793

ISBN 978-1-4896-8235-2 (hardcover)

Printed in the United States of America
in Brainerd, Minnesota
1 2 3 4 5 6 7 8 9 0   22 21 20 19 18

052018
011618

English Editor: Katie Gillespie
Spanish Editor: Ana María Vidal
Designer: Mandy Christiansen
Spanish/English Translator: Translation Services USA

Weigl acknowledges iStock as the primary image supplier for this title.

EYEDISCOVER proporciona contenido enriquecido, optimizado para el uso en tabletas, que complementa este libro. Los libros de EYEDISCOVER se esfuerzan por crear un aprendizaje inspirado e involucrar a las mentes jóvenes en una experiencia de aprendizaje total.

Mira
El contenido de video da vida a cada página.

Navega
Las miniaturas simplifican la navegación.

Lee
Sigue el texto en la pantalla.

Escucha
Escucha cada página leída en voz alta.

Tu EYEDISCOVER con Seguimiento de Lectura Óptico cobra vida con...

Audio
Escucha todo el libro leído en voz alta.

Video
Los videos de alta resolución convierten cada hoja en un seguimiento de lectura óptico.

OPTIMIZADO PARA

☑ **TABLETAS**

☑ **PIZARRAS ELECTRÓNICAS**

☑ **COMPUTADORES**

☑ **¡Y MUCHO MÁS!**

LOS SÓLIDOS

Los estados de la materia

En este libro, aprenderás sobre

- **qué son**
- **cómo cambian**
- **cómo se sienten**

¡y mucho más!

Los sólidos son un tipo de materia. Los sólidos mantienen su forma y ocupan espacio.

4

Los sólidos vienen
en muchos colores.
Pueden ser de
diferentes tamaños.

La forma en que un sólido se siente se llama textura. Los sólidos tienen diferentes texturas.

9

Algunos sólidos son duros.

11

Algunos sólidos
son suaves.

14

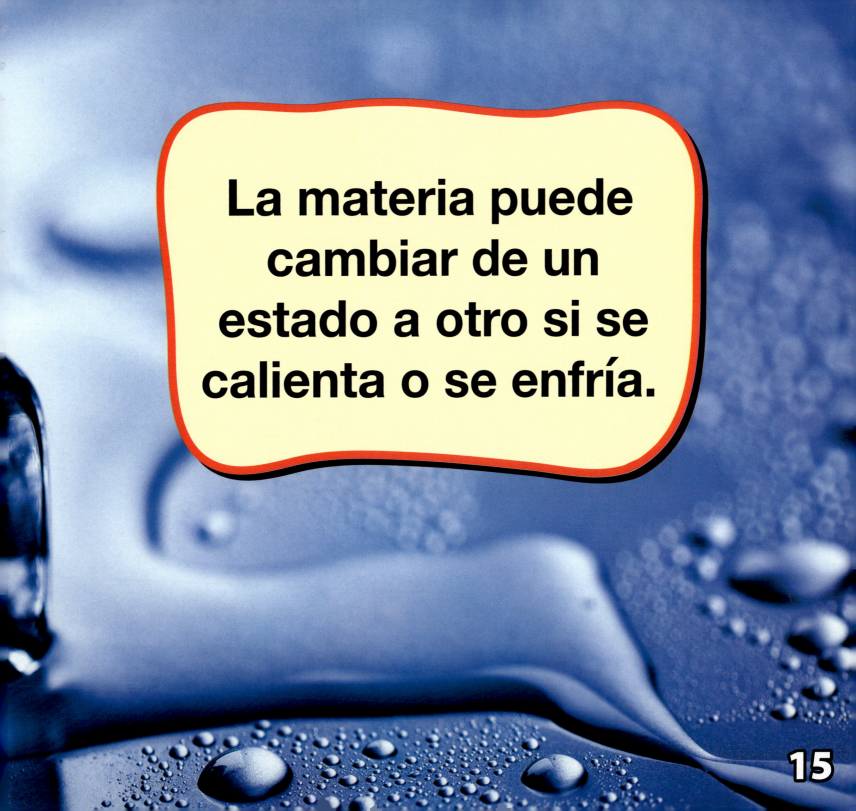

La materia puede cambiar de un estado a otro si se calienta o se enfría.

Los sólidos pueden convertirse en líquidos cuando se calientan. Esto se llama derretimiento.

Si los líquidos se enfrían, pueden convertirse en sólidos. Esto se llama congelamiento.

19

Muchos alimentos son sólidos. Vienen en diferentes formas y tamaños.

21

SÓLIDOS EN NÚMEROS

Los sólidos no son fáciles de **apretar** o **aplastar**.

Los sólidos mantienen su **forma**.

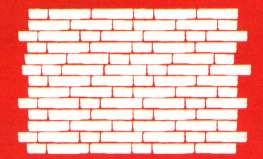

Todo lo que puedes **agarrar** o **sostener** es sólido.

22

Los sólidos
se pueden
cortar o
modelar.

Los sólidos pueden
ser duros como una
ROCA o suaves
como **plumas.**

Hacemos muchas cosas a
partir de los sólidos como
automóviles
y **aviones.**

Los **diamantes**
son uno de los sólidos
más duros
de la naturaleza.

Mira
El contenido de video da vida a cada página.

Navega
Las miniaturas simplifican la navegación.

Yo soy un león.

Lee
Sigue el texto en la pantalla.

Escucha
Escucha cada página leída en voz alta.

EYEDISCOVER

Ve a **www.eyediscover.com** e ingresa el código único de este libro.

CÓDIGO DEL LIBRO

AVL63838